LB 41
1506
A

TABLEAU DES PRISONS DE BLOIS.

ÉDITION augmentée de plusieurs anecdotes et des noms de principaux Terroristes du département de LOIR et CHER.

A BLOIS,

Chez les citoyens MASSON et DURIE, libraires et imprimeurs, grande rue, N°. 87;

et se trouve à PARIS,

Au bureau central de correspondance pour la librairie et les arts, rue des Pères, F. B. Germain, N°. 9, vis-à-vis la rue de Verneuil.

AN III DE LA RÉPUBLIQUE FRANÇAISE.

INTRODUCTION.

LE premier acte de tyrannie exercé dans Blois fut un attentat à la liberté de la presse & une cruauté commise à mon égard. J'avois imprimé une lettre aux électeurs de 1789, j'en avois prévenu les membres du département; & je n'en fus pas moins inquiété, visité, persécuté & privé de mon état d'imprimeur. Je n'ai point eu depuis à rougir de la plus légère démarche pour rentrer dans mes fonctions; je n'ai pas même demandé la concurrence établie dans presque toutes les cités de la république, & qu'exigeoit peut-être l'éducation de ma nombreuse famille : c'étoit successivement aux administrateurs en place à reparer l'injustice de leurs prédécesseurs & à ne pas la partager en la transmettant aux *Chevaliers* bureaucrates des autres administrations.

Le premier arrêté du comité central, & le premier inscrit sur ses registres, est un coup d'autorité, dont j'ai failli être la victime. On avoit diftribué dans Blois des cantiques vendéens, pour ne pas dire catholiques, ce qui préfentoit aux hebertiftes la même idée; & fur la dénonciation ifolée d'un lâche & vil anonyme, je fus nuitamment vifité & témérairement soupçonné de les avoir imprimés. L'ordre de mon incarcération eft bien défigné, page première du premier regiftre de ce tribunal de fang; mais il eft impoffible de trouver le procès-verbal qui conftate mon inculpabilité, cependant il a été rédigé en ma préfence par le citoyen Liger-Lormeau, ci-devant procureur, faifant alors les fonctions de fecrétaire de chambre ardente, & figné de fes membres ainfi que de moi.

Les premières grandes vifites commencèrent par celle de mon domicile; j'étois malade & au lit. Cette expédition, plusque militaire, me fit lever, & me força de refter debout & à jeun depuis huit heures du matin jufqu'à fix du foir, à raifon des relais que s'étoient diftribué entr'eux les vifiteurs Péan, Velu, Olivier

& Lebas-Javarry. Je conserve le très-petit procès-verbal de cette très-longue & très-maussade séance, comme un chef-d'œuvre de laconisme & de négligence de la part du comité. Je prends ici l'engagement formel d'en poursuivre les rédacteurs comme m'ayant enlevé une somme d'argent dont l'amitié m'avoit fait un dépôt sacré ; & l'on verra que la justice n'est plus un être de raison relégué dans la région des idées, mais bien sérieusement le partage des Français.

Enfin le premier jour que les élysées de la ci-devant Visitation furent ouverts, j'y fus conduit par la gendarmerie, à l'heure du marché, & dans un moment où les soi-disans suspects étoient signalés pour être la cause de la disette des subsistances. Je remercie mes concitoyens, auxquels on ne peut en imposer sur le compte de ses anciens amis, d'avoir répandu quelques larmes sur mon passage. Ces pleurs, éternellement gravées dans mon cœur, me dédomagèrent amplement de l'espece d'humiliation que j'éprouvois, & calmèrent mes inquiétudes sur le sort d'une mère affligée, d'une épouse désolée & de quatre enfans en bas âge que j'abandonnois pour la première fois. Vrai gibier du comité, j'ai depuis cette époque été incarcéré à plusieurs reprises, malgré les différens actes qui attestent & mon amour pour la patrie & mon désintéressement particulier quand il s'agit de sa félicité publique.

J'oublierois mes ennemis aussi facilement que je leur pardonne; mais mon indulgence pour eux ayant publiquement été traitée de pusillanimité par ceux-mêmes qui leur ont servi de licteurs, j'ai cru devoir répondre à cette inculpation par le tableau des malheurs que j'ai partagé avec les personnes les plus vertueuses du département. Si pendant l'orage j'ai gardé le silence & la solitude, c'est parce qu'il n'étoit pas encore permis à la vérité de se faire entendre; mais on ne m'a jamais vu tour-à-tour à la porte des victimes & des oppresseurs. Les lâches sont malheureusement nés pour être toujours les agens du despotisme dominant; & l'homme libre au contraire le combat sans cesse, & brise son sceptre quelque soit la main qui s'en empare. S'il paroît quelquefois aduler les gens en place, c'est parce qu'il regarde alors la louange comme le passe-port de quelque grand principe qu'il veut annoncer; mais lorsqu'il n'existe plus que des égorgeurs & des égorgés, il préfère la mort à la condition affreuse de bourreau.

Je crois devoir ici répondre à un reproche qui m'a affecté avec d'autant plus de raison qu'il attaque mon cœur. Mes expressions ont souvent éprouvé une interprétation maligne & contraire à l'idée qu'elles renferment. Je déclare que je n'ai jamais entendu injurier un seul de mes compagnons d'infortune. Je ne suis point de ces hommes qui crient à l'égalité pour avoir des inférieurs, & qui, ne pouvant souffrir personne au-dessus d'eux, ne veulent jamais se rapprocher de la foiblesse des autres; qui persécutent leur ci-devant évêque, parce qu'une mitre ne pouvoit dans tous les temps convenir à leurs têtes, & qui poursuivent les mânes de Lavoisier parce qu'aucune académie savante ne leur a présenté de fauteuil. C'est donc à la seule postérité à juger l'impartialité des écrivains modernes: trop heureux d'exprimer aujourd'hui non ce qu'ils disent, mais ce qu'ils se proposent de faire sentir & concevoir.

La feuille d'impression qui se trouve à la suite de cette esquisse des prisons de Blois m'a été confiée par un excellent publiciste; j'ai cru devoir la publier dans un moment où la Convention nationale appelle autour d'elle toutes les connoissances nécessaires à établir un gouvernement stable, qui rende le bonheur à ma malheureuse patrie, & qui signale une juste horreur pour les crimes qui l'ont désolée.

TABLEAU DES PRISONS

DE BLOIS.

Semper ego auditor tantùm ? Nunquamne reponam!
JUVENAL. *Satyr.* 1.

LA ville de BLOIS auroit toujours joui de la tranquillité la plus grande, si son calme ordinaire n'eût été détruit par la présence de quelques étrangers devenue nécessaire à son département & à son ci-devant évêché. La douceur des habitans de cette commune n'auroit jamais démenti l'éloge qu'en fait le Tasse, dans ces vers de la Jerusalem délivrée :

>Non è gente robusta, o faticosa :
>La terra molle, è lietta, è dilettosa,
>Simili a se gli abitator produce.

Malheureusement les députés Blésois à l'Assemblée constituante ont cru enrichir leur cité, en demandant pour elle le titre de chef-lieu de département ; & notre résistance à ce prétendu honneur, dont on nous faisoit alors un reproche, est aujourd'hui pleinement justifiée. Car c'est dans le sein même de l'administration départementale que s'est formé ce barbare triumvirat qui a porté, pendant deux ans, la désolation dans le sein des familles les plus honnêtes & la mésintelligence parmi les autorités constituées. Trois administrateurs trouvèrent plus facile le travail de vexer leurs concitoyens, que celui de répondre à leurs pétitions : il faut pour ce dernier de l'assiduité, de l'intelligence & de l'ordre, lorsque l'inquiétude, l'ignorance & le désordre suffisent seulement pour se faire craindre.

Le lecteur croira difficilement qu'un jeune marié (1), dans cet âge & au moment où les passions prennent une teinte de sensibilité, se soit porté, même envers ses bienfaiteurs, à tous les excès de la rage la plus froide & la plus concentrée, & ait digéré le crime comme les alimens les plus délicats ; qu'un être inepte (2), absolument

(1) Péan, ci-devant procureur à S. Agnan.

(2) Vourgères-Lambert de Vendôme, espece d'automate ridicule dont l'atroce Péan faisoit mouvoir les rouages gangrenés.

nul, ci-devant ecclésiastique, possesseur d'une fortune médiocre mais aisée, sans talens & sans aucun espoir d'en jamais acquérir, se soit maintenu dans le cruel emploi de tourmenter le mérite & de faire verser des larmes à la probité ; qu'un prêtre ignare (3), crapuleux & grossier ait insulté la nature & les lois par ses vices & sa tirannie ; que deux de ces monstres, les deux premiers, calculent encore sur l'espérance horrible d'augmenter un jour leurs forfaits, & de nous punir de la révolution du neuf thermidor.

Il faut cependant convenir que si ces trois assassins n'eussent pas eu des sicaires, nous n'aurions jamais eu la lâcheté de souffrir les chaînes dont ils blessoient nos bras désarmés. Mais des prêtres échappés de la Lorraine & du Jura (4), tantôt fanatiques & tantôt athées, le matin adorateurs du Dieu d'Israël & sacrifians le soir à Baal ; des ins-

(3) Son malheur & son repentir nous le rendent en ce moment un être sacré & nous engagent à dérober son nom à la connoissance du lecteur.

(4) Plassiard & Rochejean, ci-devant vicaires épiscopaux. Ce dernier, singe de l'infâme Marat, ne

tituteurs sans génie (5), sans morale & sans principes, hardis prédicans des systêmes affreux d'Hébert & de Ronsin; des ambitieux dans tous les régimes, que l'on voit dans tous les cabinets, que l'on trouve dans tous les emplois, espece rampante vendue à tous les gouvernemens; & quelques intrigans (6) ruinés, par le desir de rétablir leur fortune sur les débris des fortunes publiques & particulières, étoient les ministres & les vils exécuteurs des vengeances triumvirales. Suivoit le cortege de ces hommes

se montroit que dans les grands événemens, & abandonnoit le détail des visites à son collegue. Il faut aussi convenir que Plassiard s'en acquittoit avec une indécence & une immoralité dignes de son patron; car peu satisfait de fouiller dans les poches des femmes, il visitoit leur sein, & les plaisantoit presque toutes en leur disant : *tant pis pour toi, il n'y a rien.*

(5) Hézine & Ponçard, répétiteurs à Pont-levoy; Arnaud & le stupide Velu, maitres d'école à Blois.

(6) Lebas-Javarry, patissier; Galon-Ledoux, orfevre; Berger, de Vendôme; Ledru & Normand-Dumesnil, de Mer; Douriez, de S. Aguan, &c. &c. &c. *Extrait des notes communiquées à l'auteur du tableau des prisons de Blois, & des différens procès-verbaux concernant le désarmement des terroristes.*

qui, toujours oisifs & toujours débauchés, ne désirent que l'anarchie & le pillage, & se rangent du côté de la faction qui paye le vol & l'assassinat....

Un tas d'hommes perdus de dettes & de crimes,
Que pressent de nos lois les ordres légitimes ;
Et qui, désespérant de les plus éviter,
Si tout n'est renversé, ne sauroient subsister.

Jusqu'au quinze brumaire de l'année dernière, notre trinôme révolutionnaire s'étoit contenté de menacer un grand nombre de citoyens, & d'en incarcérer un petit nombre, lorsqu'à cette époque commencèrent les grandes manœuvres & les fameuses visites domiciliaires. Tout ce qui avoit précédé n'étoit qu'un amusement préparatoire pour sonder l'opinion publique, & malheureusement la terreur étoit entiérement à l'ordre : aussi, dans le même instant de raison, à huit heures du matin, cinquante à soixante maisons furent-elles visitées, fouillées & pillées depuis le grenier jusqu'à la cave. Ces opérations auparavant avoient eu lieu plus la nuit que le jour ; mais le comité, s'étant adjoint neuf suppléans & quelques troupes auxiliaires, pouvoit alors faire, à l'aise &

sans danger, ses expériences physiques & morales sur les habitans de Blois.

Rien n'échappa à la curiosité des visirs & de leurs janissaires : les registres des marchands, leurs factures, & les testamens déposés chez les officiers publics furent décachetés, lus & commentés; les endroits les plus sales (7) & les plus obscurs furent découverts & parcourus; & les choses les plus sacrées, signes muets & chéris d'une opinion religieuse & permise, furent insultées & foulées aux pieds. La croix, sur le sein même de nos épouses, fut enlevée comme un signe de contre-révolution; par-tout, en tous lieux & jusques dans les temples, l'ignorance y suppléoit l'athéisme & le culte bizarre & insensé d'une raison délirante. Cependant pas un seul procès-verbal n'osa attester le plus léger délit; & de tant d'atrocités il ne nous reste plus aujourd'hui que le souvenir amer, & quelques reçus in-

(7) Leurs recherches étoient si minutieuses & si dégoûtantes, qu'ils enlevèrent, dans la garde-robe de la citoyenne Dumbeck, un papier imprégné d'une matière, qui prouvoit & la propreté de son usage & le goût favori de pareils vuidangeurs.

formes & grossièrement écrits de sommes d'or & d'argent que les visiteurs échangèrent contre leurs assignats (8). Des gardes n'en furent pas moins laissés chez chaque visité, avec injonction à ces derniers de les bien nourrir, & de leur donner en outre cent sous par jour : méthode infernale, inventée pour multiplier les dénonciations les plus calomnieuses & augmenter le nombre des délateurs.

Les visites ne laissoient qu'un jour ou deux d'intervalle entr'elles, pour donner le temps aux visirs de parcourir quelques chiffons de papier bien insignifians, de partager entr'eux les especes échangées, & d'orthographier (9) tant bien que mal de

(8) Qui peut même certifier n'avoir point été privé de quelques assignats, lorsque nous étions tous renfermés dans une seule chambre, & que le reste du logis étoit à la discrétion de pareils commissaires. Bons habitans du département de Loir & Cher, dénoncez sans crainte les vols qui vous ont été faits en armes, meubles, linges & numéraires. C'est rendre service à la chose publique que de signaler les fripons.

(9) *Ferrand-Vaillant sera tenus de gardé les arrêtes sou poine de castration.* Nos MM. étoient donc également des Fulbertistes.

superbes mandats d'arrêt, attestant la suspicion de chaque visité; de manière que presque tous les probes habitans du département de Loir & Cher eurent chez eux les honneurs de la séance triumvirale. Mais cela ne pouvoit suffire à des buveurs de sang: une seule maison d'arrêt & la prison étoient incapables de renfermer tant de suspects; & comment trouver un assez grand nombre de gardiens révolutionnaires pour autant de Modérés, de Fédéralistes, de Girondins, de Feuillans, de Muscadins, &c.? Il fallut donc, sur le champ, construire deux nouveaux repaires, dont un seroit pour les non-conformistes, & l'autre pour... le lecteur (10), s'il eût eu le malheur de

(10) Lors de la fermeture des églises, une voyageuse, la citoyenne G***, ayant eu le malheur de s'informer de nous au membre du comité qui visoit son passeport, fut traitée de fanatique & menacée d'une incarcération, à laquelle elle ne put jamais se soustraire qu'en mangeant des hosties consacrées qui lui furent offertes. Ce genre de tyrannie & de persécution, inconnu à l'histoire, étoit réservé à grossir les annales d'un siecle, qui se dit philosophique, depuis que ses coryphées refusent l'évangile & croyent à toutes les gazettes.

coucher

coucher une nuit dans Blois, & de déplaire à un seul membre du comité. Nous disons repaire, parce que, par une cruauté inconnue à tous les autres monstres, les nôtres avoient fait tracer en belles & grosses lettres d'or ces mots barbares : REPAIRE DES GENS SUSPECTS. Observez qu'une de ces maisons étoit située sur une grande route, vis à vis un marché, & que dans ces momens terribles de disette, elle se décoroit encore du beau nom de grenier d'abondance : aussi les jours de halle étoient-ils pour les détenus des jours de tristesse & d'allarmes. Observez encore & rappellez-vous toujours, on ne peut le répéter, que l'inauguration de cette maison eût lieu le 19 brumaire, jour de marché public, à l'heure où il se tenoit, & dans un instant où le manque de grains faisoit murmurer le peuple.

C'est dans ces circonstances désolantes que l'on vit traîner en captivité la vieillesse à côté de la jeunesse, la foiblesse d'un sexe avec la force d'un autre, & la paternité avec les vierges & les ministres du culte catholique. Tous les jours, jusqu'au treize frimaire, époque de la grande fournée, le

B

nombre des détenus devenoit incalculable ; & parmi tant d'infortunés, il en est qui n'existent déjà plus, & d'autres qu'une existence pénible & douloureuse conduit lentement au tombeau.

Laporte, Pérignac, Odonell, Lacroix, Genistour, Guéret, Montaigu, Lagrange, Fontenay, Mangeot, Lamontagne, Bélandre, Ducoudray, Latour; & vous, sage Dubuc, vos noms & vos vertus passeront à la postérité, malgré la jalousie qui vouloit vous priver de cette unique consolation. Vous, respectables vieillards, Fretté, Vareilles, Blot, Pelloquin, Boucherat, Dutems, Hurault, Lecour ; & vous, Laboissière, dont la mort vient d'abréger les douleurs aigries par votre incarcération nocturne; les hommes délicats se rappelleront votre mémoire & verseront des larmes d'attendrissement sur vos malheurs. Vous serez placés à côté d'eux & sur la même ligne, bon Leddet, tourneur, que nous regrettons depuis quelques jours ; & pieux Roger, luthiers; vous aussi, Montperroux, qui n'avez évité les horreurs de la prison que parce que les dix porte-faix chargés de vous porter, ont été plus humains que nos cannibales. Vous ne serez point oubliés, excellens pères de famille, Jousselin, Ferrand, Suet, Boisrenard, Sellier, Riffault, Dezairs, Lecour, Lhuilier, Martinet, Pothée, Savigny, Perrot, Gaillard, Ligneau, Genest, Dargy, Blanchard, Chatillon, Pilet, Guériteau, Durant, Boutet, Huard, Cuffaux, Dufay, Pasquier, Guillois, Gatineau; vertueux Porcher, dont l'épouse infortunée venoit de vous confier en mourant l'éducation de quatre filles chéries; & vous Gaultier (11), fondateur de notre premiere Société Populaire. Cultivateurs paisibles, Chauveau, Vesers & un troisième, dont le nom nous est

(11) Le trait suivant mérite de trouver ici sa place. Le patriote Chartier-Roger étoit dangereusement malade; son épouse, après plusieurs instances auprès du comité, obtint que son chirurgien, le citoyen Gaultier, se rendroit chez elle avec quatre fusiliers, & qu'un factionnaire seroit à ses dépens continuellement placé à la porte intérieure de sa chambre. Ce dernier avoit la consigne de ne pas quitter d'une minute son prisonnier: consigne si rigoureusement observée, qu'une malheureuse voisine ne put jamais recevoir la permission de se faire accoucher par ce même chirurgien, quoiqu'il n'eût pas trois emjambées à faire pour lui rendre ce secours.

chappé, vos vingt-deux enfans trouveront des charmes à se joindre à ceux de l'honnête Buzelin, qui n'a pu survivre à sa triple détention, pour pleurer un jour sur vos tombes révérées.

Sexe destiné par la nature pour apprivoiser tous les animaux jusqu'aux tigres les plus féroces, puisque votre foiblesse & votre douceur n'ont pu vous sauver les horreurs de la prison, souffrez qu'un pinceau timide crayonne & vos noms & vos allarmes. Infortunées Bimbenet, Marchand, Pothée, Labourdonnaie, Russy, Lusignan, Chartier, Montaigue, Vareilles, Blot, Beaussier, Dubuisson, Mussay, Trémault, Fretté, Duret, Cormier, Pasquier, Ledder, Alain, Chiquet, Baignoux, Hemin, Vernaison, Guillomet, Leclerc & Clenord; vos dangers que nous avons parcourus & partagés sont trop profondément gravés dans nos cœurs pour jamais les oublier. Intéressante Durozai, vertueuse & sensible Duroi, courageuse Alexandrine, & vous constante Villiers, acquittée depuis peu du malheur d'avoir été la sœur de Favras, puisse la source de vos pleurs se tarir, &

puisse un baume consolateur préparer dans vos veines une nouvelle circulation !

Robin, ô notre ami, les beaux arts, déja presque détruits par le Vandalisme, ont gémi en vous voyant endormi sur la couche des suspects, & se sont cru bannis pour toujours du sol de la France. Pardon, tranquille Descotiers, d'avoir jusqu'ici dérobé votre nom à la connoissance du lecteur : qu'il apprenne qu'avec Rochambeau vous avez eu le double bonheur d'échapper aux assassins de Blois & de Paris; infortuné Lavoisier, n'aviez-vous pas plus que reparé par vos vertus & par vos lumières le mal commis autrefois sous votre nom & à votre insçu. Pardon surtout, mânes de Salaberry, si parmi tant d'infortunés notre plume n'a point encore parlé des vôtres ; nous n'avons connu celui dont vous étiez l'enveloppe que dans les fers, & courbé sous le poids de l'accusation atrocement mensongère d'avoir voulu livrer notre cité aux Vendéens. Ceux qui n'ont jamais bu avec lui que dans la coupe amère de la douleur, lui rendent le témoignage qu'il n'a été coupable que de quelques excès de facilité &

de bonté envers des malheureux qui tranfpirent peut-être en ce moment leurs forfaits dans le lit de leur protecteur affaffiné. Vous l'avez fuivi de près dans la tombe des Carmélites, Dufort, Baillache & Rancogne; aujourd'hui rendus à la vie, donnez des pleurs à fa mémoire.

La jeuneffe la plus tendre n'étoit pas même un titre d'excufe auprès de notre comité. Les malheureux Salomé, Bimbenet mort depuis quelques mois au fervice de la patrie, Cuper & Lachefnaie féparés de leurs pères détenus dans une autre maifon d'arrêt, font des preuves non équivoques de cette trifte vérité. Nous ne parlerons pas d'un autre enfant âgé de treize ans & de fon frère un peu plus âgé : nous favons tous que la vertu & les malheurs font héréditaires dans la famille Pardeffus; féqueftre, détention, voyage, gardes, fcellés, rien n'a pu ébranler le courage du père, la fermeté des fils, & la réfignation de la mère. Enfin la férocité de nos inquifiteurs étoit telle, qu'ils ont emprifonné jufqu'à des naines, les citoyennes Frin; ce qui a fait dire à un de nos plaifans qu'il défioit dix mille personnes de cette taille de faire une contre-révolution dans sa cuisine.

Mais ce qui est inconcevable ; c'est que le patriotisme prononcé & le serment ecclésiastique n'ont point été des motifs assez puissans, ni des raisons suffisantes de non-incarcération. Sans parler des montagnards Delarche, Rosnay, & autres personnages inconus au lecteur, du versatile Lemaître, ex-législateur, espece de mouton qui semoit parmi nous la méfiance, on ne sera pas peu surpris d'apprendre que les citoyens Druillon & Dinochau, ex-constituans, du côté gauche, ont été long-temps détenus ; ce dernier surtout estimé dans Blois par son travail pénible & assidu à la Commune, & fêté dans la république de lettres par son courier de Madon.

Vous fûtes incarcérés, obéissans pasteurs de la nouvelle église de France, Thibault, Joullin, Larue, Auger, Girault ; & vous, discret Liger, sage Bailli & prudent Villemain : la divinité seule sait ce dont vous êtes coupables. Nous vous y vîmes aussi, timide & rusée Brissolière, votre divorce & les apprêts de votre nouveau mariage n'ont pu vous garantir d'une captivité longue, injuste & cruelle.

Nous avons dit un peu plus haut, en parlant des jeunes Lachesnaie & Cuper, qu'ils étoient renfermés dans une prison autre que celle de leurs pères; & nous devons ajoûter que, par un superflu de barbarie, nos tyrans séparoient également les êtres que l'amour & la loi avoient réunis. Vous fûtes long-temps éloignée de votre époux, citoyenne Longchamps; & vous aussi, sensible Lagautrie, infortunée mère de la plus aimable des filles & de la plus constante amante du plus chéri des maris. Nous entendons encore le cri de la nature, expansive Douaire, lorsque sur l'ordre de notre translation, vous étiez inscrite pour les prisons d'Orléans, votre époux pour celles de Pontlevoy, & vos enfans à la garde d'une mère tendre, mais trop âgée & trop affligée sur-tout pour les surveiller, puisqu'elle est morte de ses douleurs. Nous partageâmes vos inquiétudes & vos allarmes, tendre Clenord, lorsqu'on vous menaça de vous priver d'une bonne mère, des bras de laquelle une jeune fille bien née ne doit jamais se séparer que pour voler dans ceux d'un époux, en vous destinant l'une & l'autre pour des maisons différentes. Vous serez toutes présentes à notre mémoire, en peignant l'historique de nos voyages; mais il nous reste encore auparavant quelques autres lignes à tracer sur la cruauté de nos terroristes, sur leur lâcheté, & sur le régime de nos prisons.

Souvent embarassé sur les motifs de suspicion, le comité faisoit tour-à-tour incarcérer tantôt le mari, tantôt l'épouse, & quinzaine après la femme de chambre; tous les jours une victime étoit nécessaire à sa rage, & il ne s'est jamais piqué de justice dans son choix. C'est par cette raison que l'on vit la citoyenne Duchesne succéder à son mari, la citoyenne Douaire au sien, & le citoyen Butel prendre la place de son épouse, pour la céder ensuite à son aide-de-toilette.

Nous tairons l'immoralité de cette inquisition, la manière brutale dont elle recevoit les épouses des incarcérés, les propos durs, grossiers & libertins que ses membres se permettoient sur les devoirs de la maternité, lorsqu'une bonne mère soupçonnant des entrailles à ses monstres, leur présentoit les gages infortunés de la tendresse de son mari. Notre plume se refuse à une description qui outrageroit la nature chez un peuple d'antropophages : nous nous contenterons de publier que les seuls célibataires trouvoient grace auprès d'eux, puisque, sur plus de quatre cent prisonniers, on en comptoit à peine sept à huit, (les citoyens Barbier, Chabault, Remilly, Beauvais, Liger, Girault & Levrard,) qui n'eussent pas payé à la patrie le tribut de reconnoissance que l'homme en naissant s'engage à lui devoir un jour. Encore faut-il annoncer que ces sept détenus étoient choisis parmi les êtres moraux de leur classe, que le premier tient au ci-devant clergé, & que trois des six autres viennent de courber la tête sous le joug marital.

Rien ne peut donc égaler le Néronisme de nos Tribuns, si ce n'est la férocité d'une partie des Sbyres qu'ils employoient. On a vu ces scélérats entraîner les citoyennes qu'ils conduisoient en prison à la poursuite de leurs compagnes de malheurs; on a vu des gendarmes, ne trouvant point le mari, le citoyen Beaujour, emmener l'épouse, & substituer ainsi sur le mandat d'arrêt le nom de l'une à celui de l'autre. La citoyenne Duchesne fut conduite chez la citoyenne Durosay, le citoyen Ferrand-Vaillant contraint d'enlever la citoyenne Douaire; & nos sens se soulevent encore de la méprise d'un vieillard respectable qui, nous voyant à son chevet, nous demandoit la permission de s'habiller. » Parlez, homme » vertueux, à ces infâmes licteurs; notre » vie passée doit vous attester que nous » sommes comme vous une victime de leur » barbarie. » Cette réponse nous valut des excuses d'une part & un déluge d'injures de l'autre : foible dédommagement pour notre sensibilité, mais dont il fallut bien se satisfaire.

On se demandera peut être comment une poignée de vils factieux a pu commettre impunément tant de forfaits; notre réponse est dans le silence du gouvernement qui sembloit les favoriser, dans l'exemple des autres communes de la République, & plus que tout cela dans notre timidité & dans notre engouement pour les étrangers : engouement inconcevable, puisqu'ils nous ont tous fait verser des larmes, depuis le député Chabot jusqu'au mirmidon (12) qui appose le cachet de l'administration sur ses dépêches. Peuple bon, facile & vertueux de Blois, n'accordez donc plus jamais votre confiance qu'à celui de vos frères dont vous connoîtrez la droiture, qu'à celui dans les mains duquel vous remettriez votre épouse, votre fille chérie & vos trésors, à l'instant d'un long voyage. Eh quoi ! vous placeriez à peine deux cent livres à la bonne foi d'un inconnu, & vous lui sacrifiez votre honneur, votre existence, celle de vos amis, de vos fils & de vos femmes ! Quant à nous, nous faisons le serment de ne jamais accorder notre voix à quiconque n'aura pas, depuis notre enfance, partagé nos peines & nos plaisirs ; que notre main se seche plutôt que de tracer dans les élections tout autre nom que celui d'un de

(12) On doit reconnoître à cette expression le fameux romain Cassius-Brutus-Phillippe-Thomas, actuellement à Orléans, ci-devant prêtre & serrurier du faux-bourg Antoine de Paris.

nos compatriotes. On nous diroit en vain que ce principe tend au fédéralisme, nous n'aurons pour excuse & pour exception que cette vérité : pour un Socrate la Grece possédoit mille Anitus, il est des hommes, mais il en est peu, qui soient de tous les pays ; si quelques cités de la République accordent leur assentiment à Jean-Jacques Rousseau, elles n'ont toutes qu'un refus pour autant d'Hebert, d'Anacharsis-Cloots, de Robespierre, &c.

Nemo repentè malus.

Ainsi que la vertu le crime a ses dégrés.

Cette maxime ne peut s'appliquer à nos Triumvirs : leurs premiers pas ont été des crimes. Ils débutèrent par envoyer au tribunal révolutionnaire le vénérable Saint-Chamand & le citoyen Legrand-Marizy; le premier accusé d'émigration, parce qu'il avoit fui la terre de l'intolérance, (le Blésois,) pour se fixer dans un bien qui lui appartenoit ailleurs; & le second pour avoir été en correspondance avec Gardien, membre du comité des douze. La loi du vingt-deux prairial n'existoit point encore; l'un

& l'autre furent acquittés. Ce revers, loin de museler nos tigres, ne fit qu'augmenter leur rage; & de désespoir ils rongeoient encore leurs fers, lorsqu'on vint leur annoncer que le ci-devant Chapelain de notre Hôtel-Dieu n'avoit point déserté cet hospice, & qu'il y étoit mourant. Nous ne peindrions que foiblement les transports de leur joie, & il faudroit, comme eux, tremper nos crayons dans le sang pour les esquisser. Le lecteur saura donc seulement qu'elle étoit telle que, même long-temps après, un d'eux interrompit le sermon qu'il faisoit à ses paroissiens, pour leur annoncer que la découverte de cet ecclésiastique avoit sauvé la France d'un grand péril. Le malheureux Saunier cependant n'avoit point émigré, il n'étoit point sujet au serment: mais on déterra qu'il avoit autrefois remplacé pendant quinze jours un fonctionnaire de ses amis; & ce secours, accordé au zele officieux de l'amitié, fut le signal & l'ordre de sa mort. Ajoûtons les larmes aux yeux, que la Supérieure de la communauté, présente à son exécution, fut condamnée sur le même échaffaud à l'échange barbare de fa robe virginale pour une robe de pourpre. (13) Cruels, les Sauvages du Canada respectent au moins & portent sur leurs dos celles qui pansent les blessures de leurs ennemis vaincus. Nos Sauvages Français, qui n'ont rien d'humain que la figure, se comportoient d'une toute autre manière; & si le lecteur doute encore de leur scélératesse, ce qui nous reste à dire suffira pour le convaincre qu'ils eussent fa-

(14) Chez les religieuses béguines & begueules de l'hôtel-dieu, avons trouvé leur aumônier prêtre refractaire, (c'est une calomnie) bien joli, (son âme seule étoit belle) bien aimé, bien soigné (sa situation exigeoit des égards) par ces nones, & qui va jouir du charmant spectacle de la guillotine, une grosse supérieure (sa communauté partageoit son délit philantropique) qui lui servoit de médecin & qui l'accompagnera. Cet Extrait des Regiſtres du Comité Central, séance du 10 août 1793, tout horrible qu'il soit, est un chef d'œuvre de douceur, si on le compare aux lettres qu'écrivoit au comité décemvirale de la convention nationale le féroce Péan. Il demandoit avec instance la mort de Romé, celle de Sallaberry, & la mise en cause d'une partie des habitans de notre cité. Qui croiroit cependant que la lecture de passage, loin d'exciter l'horreur qu'il inspire, a provoqué le sourire stupide & brutal de quelques malheureux, dont l'ame sans énergie refcera toujours sur le *Nigrum* de l'opinion publique.

cilement surpassé les Carrier & autres monstres, si comme eux ils en eussent reçu ou usurpé le pouvoir.

Le plus assuré de leur triomphe est celui qu'ils ont remporté sur les membres composant la commune de Blois auprès du montagnard Guimberteau. Depuis long-temps cette commune étoit l'unique autorité qui avoit eu la fermeté de s'opposer à l'anarchie tyrannique du comité. Les efforts de ce tribunal monstrueux avoient été vains & inutiles vis-à-vis les sectionnaires, lors de leur adhésion volontaire à la constitution républicaine. L'auteur même de ces mémoires avoit eu le courage de voter des remerciemens aux municipaux proscrits par les triumvirs ; & pour empêcher que sa pétition fut acceptée & transcrite sur le procès-verbal, il ne fallut pas moins que l'impudeur des Péan, des Hésine & des . . . . qui vinrent à la nuit assiéger la section dont ils n'étoient pas membres, la dissiper, la maltraiter & la détruire. Ces différentes raisons avoient tellement aigri nos scélérats qu'ils ne manquèrent pas de s'emparer de l'esprit foible du député, & qu'ils lui firent
commetre

commettre les plus criantes injustices. Ils commencèrent par ordonner en son nom le désarmement général des habitans, afin de se partager encore ce nouveau larcin, & de n'armer justement que ceux pour lesquels une loi récente & salutaire vient de consacrer l'inutilité & le danger du port d'armes; avec cette différence que Guimberteau excédoit alors les pouvoirs qui lui ont été confiés, au-lieu que les derniers désarmemens ont été nécessités par des ordres souverains & des circonstances allarmantes, exécutés avec la décence française & l'honnêteté républicaine, & motivés d'après une très-longue discussion. La commune de Blois a même senti que dans un moment où le titre de modéré étoit une injure, il étoit naturel que des hommes peu instruits donnassent dans l'exagération. Elle n'a point voulu imiter les terroristes qui persécutoient les riches sans secourir les indigens, & qui punissoient les coupables sans épargner les égarés. Tout en frappant les complices de nos tyrans, elle a donc traité avec indulgence ceux qui ont paru les avoir abandonnés, & n'a jetté que sur les apologistes

C

connus des grands criminels tout l'odieux des forfaits auxquels ils ont participé. Si cette autorité n'est pas irréprochable, c'est certainement d'avoir plus consulté les élans de la douceur & de la bonté que la sévérité & la justice exigées par la loi du 21 germinal dernier.

En effet toute la question se réduisoit à l'examen de la conduite des désarmés avant le neuf thermidor, an deux ; & il suffit, dit le texte précis du décret, d'avoir *pris part aux horreurs de la tyrannie*, d'avoir fait des motions sanguinaires, d'avoir tenu des propos incendiaires, d'avoir contribué à des actes arbitraires, d'avoir dicté des dénonciations mensongères & d'avoir opprimé ses concitoyens, pour être rangés dans la classe des terroristes.

Olivier, le jeune, par exemple, nous le citons dans la foule, en a imposé à la défunte société populaire, en lui affirmant sa prétendue innocence. Il auroit dû se rappeller qu'avec Pean & Velu, il nous a dérobé, en écus, quatre cens soixante-quatorze livres ; qu'il a voulu nous ravir environ soixante livres de monnoie ; qu'il nous a traité de *scélérat qui aggravoit son crime*, parce que nous nous opposions à l'exécution de pareils vols ; qu'il a décacheté un testament, dont l'amitié nous avoit fait un dépôt en 1786 ; que lisant sur la première feuille de ce testament ces mots de l'église catholique : *au nom du père, &c.*, sa philosophie s'est écrié avec une joie stupide & barbare : *Pean, mon ami, je tiens la preuve de son fanatisme* ; que mortifié de son ignorance, il s'est retranché sur sa discrétion, à laquelle nous ajoutâmes moins de foi qu'à son défaut de mémoire ; qu'il a motionné la ruine du buste du fondateur de la liberté romaine, du premier des *Brutus*, qu'il envisageoit sottement comme un martyr de la nouvelle Rome ; enfin qu'il a pris avec Lebas-Javarry, autre scélérat, l'état de notre argenterie, en nous intimant l'ordre de la lui représenter à sa première requisition, pour avoir sans doute le plaisir de l'épurer un jour au creuset du bon St-Eloi, dont il est le plus mince des compagnons. Si ces faits ne sont pas des motifs suffisans de désarmement & des témoignages de participation au regne affreux de la terreur, tous les comités révolutionnaires sont innocents, & la patrie reconnoissante leur doit des autels. L'adjudant Olivier aura beau répondre (14) qu'il avoit reçu l'ordre par écrit de se porter à de semblables excès ; cette réponse prouvera seulement que les mandans doivent être enchaînés au carcan où nous avons placé le mandataire.

Pour réparer l'oubli que nous avons fait dans notre première édition de la séance du neuf brumaire, an deux, nous allons extraire quelques passages de son procès-verbal ; & l'on verra que le sans-culotte (15) qui la présidoit, est au moins répréhensible d'avoir ajouté foi aux insinuations perfides de son secrétaire Rouhiere & de son presque-collegue Rochejean. Que cet exemple

(14) Et Ledru de Mer, vante bien dans un mémoire, dont nous venons de refuser avec mépris l'impression, son humanité, sa délicatesse & sa probité. Manes du citoyen Dufay, déposez contre lui.

(15) Epithete salle, insignifiante & maussade, prodiguée par les monstres enculottés qui, dans chaque phrase, flattoient Guimberteau, comme Charlier flatte aujourd'hui les insurgés de Paris.

frappant & meurtrier de la foiblesse humaine devienne pour les députés en mission une leçon aussi grande & aussi majestueuse que la portion du peuple qu'ils représentent ; qu'ils ne s'entourent plus désormais que de la vertu, pour opérer d'après les bases d'un gouvernement juste & le seul convenable à la dignité de la nation française ; que leurs plaisirs & leurs occupations soient de faire des heureux ; qu'ils préfèrent sur-tout les lumières de l'homme instruit, les raisonnemens de l'homme modeste, la sobriété & les principes austères de l'homme vertueux, aux caresses de nos laïs, aux repas de nos partisans (16); aux débauches de nos dilapidateurs & aux flagorneries indécentes de nos bavards intrigands. C'est alors qu'au silence morne & sententieux d'un souverain bon & clairvoyant succéderont envers ses fondés de pouvoirs les hymnes de sa gratitude & les chants de son allégresse.

Mais revenons au fameux procès-verbal des séances du député de la Charente. Il est cependant inutile de rappeller les dif-

(16) On n'a point encore oublié les orgies faites à l'hôtel de la république.

cours qui ont été prononcés & qui ont précédés les opérations épuratoires de ce bon & facile montagnard. C'est un falmis d'invectives contre les royalistes, les modérés, les fédéralistes, les feuillans, les constitutionnaires, les rolandistes, les briffotins, les girondistes, les muscadins & les *messieurs*. Les membres de la commune qui devoient être remplacés par des *citoyens* (17) payés, cumuloient sur leurs têtes toutes ces qualités incohérentes ; & c'est d'ailleurs ce que nous présentent également les différens chefs de l'accusation suivante.

La municipalité a pris avec fureur le parti du girondisme, favorisé & défendu les aristocrates. Injure vague & sans fondement.

Elle a dit qu'il n'y avoit point de gens suspects à Blois. C'est tout le tort qu'elle ait eu, car les étrangers devoient lui être suspects.

Elle avoit adopté pour système le fanatisme de la loi, & vous l'anarchie : quels étoient les coupables ?

(17) Quel fut votre étonnement, patriotes désintéressés, lorsqu'après plusieurs mois d'indolence à la municipalité, le député Garnier reçut l'offre de votre démission ! Infortunés, il n'y avoit plus de visites à faire, de bleds à vendre & d'ornemens à brûler

Elle a refusé de reconnoître le comité de surveillance, & a manigancé avec Carra la destruction de ce comité. Tallien, sans pouvoirs pour Blois, avoit choisis, sans les connoître & sans en prévenir le peuple, quatre à cinq mauvais sujets ; Carra pouvoit par la même raison les destituer, & obéir ainsi à la volonté générale des autorités constituées & des citoyens.

Elle a eu l'audace de vouloir lui substituer une commission composée de six de ses membres, pour recevoir les plaintes des victimes du comité & les faire passer à la convention ; & cela, à l'époque de la fameuse commission des douze. Le rapprochement n'est pas si bête pour des hébertistes, il est malheureux qu'il ne soit plus de saison.

D'accord avec le Département elle a affiché le fédéralisme. On sait apprécier en ce moment la force de ce reproche, mais la vérité est que les oppresseurs & les opprimés ne connoissoient point alors la valeur & les conséquences de ce prétendu crime.

Elle a souvent témoigné du mépris pour les membres du district; parce qu'ils étoient presque tous méprisables, & qu'ils sont, à l'exception d'un seul, désarmés & dans les prisons.

Elle a déserté la société populaire. Ce n'est pas par des vociférations continuelles que le magistrat se rend utile à la patrie, mais par son travail assidu.

Elle a souvent répondu avec humeur & mépris à ses députations; parce que les objets n'en valoient pas la peine, & que nouveaux Don-Quichotte, les sociétaires voyoient des géans à combattre, où il n'y avoit que des pigmées & des moulins à vent (18).

Elle a maintenu l'existence de plusieurs clubs feuillans. Long-temps avant la révolution, il y avoit dans Blois deux sociétés : l'une philarmonique & l'autre littéraire : presque tous les membres de ces deux sociétés se réunirent au club, & n'ont éprouvé des persécutions que parce qu'ils refusèrent de recevoir des étrangers dans leur local.

(18) Les bornes de cette brochure, que nous abrégeons autant que les circonstances nous le permettent, nous imposent un silence rigoureux sur les motions bizarres & puériles, dont nous avons été les témoins désintéressés : nous les ajoûterons un jour aux premiers *una* que nous imprimerons.

Elle a pris un parti coupable dans le procès commencé contre un patriote. Citoyen Guimberteau, auriez-vous dû prendre, vous député, celui du dilapidateur Rochejean ; & si cet homme est innocent, pourquoi craint-il tant aujourd'hui l'éponge d'un *Jury* criminel ?

Elle n'a point puni les mauvais citoyens qui ont insulté Couthon, Villers & Longchamps. Ces députés n'ont point été insultés, puisque l'attroupement du marché de Blois, qu'ils ont déserté lors de son origine, a été dissipé sans leur présence par la garde nationale.

Elle a mentionné les discours feuillantins de Roger-Noiret. Dire que Rochejean a spolié le séminaire dont il étoit l'économe, ne rime point à un discours de feuillant ; & certes le citoyen Roger-Noiret a toujours été un excellent jacobin.

Elle n'a point félicité la convention sur la destruction du tyran, malgré l'exemple des..... buveurs de sang.

Elle a soutenu les choix aristocratiques de la garde nationale ; & vous, infâmes licteurs du proconsul Guimberteau, en apposant vos signatures homicides sur une pétition barbare, vous avez livré aux poignards des assassins tous les membres de ce corps respectable, tous vos concitoyens ; & cela, pour satisfaire votre insatiable cupidité, parce qu'à l'approche des vendéens & des chouans vous vous attendiez à être salariés.

Elle a retardé la distribution des armes pour les répartir indifféremment. Vous avez si bien réussi dans cette distribution que la loi vient de vous désarmer pour la plupart.

Elle n'a point assuré les subsistances ; & jamais le peuple n'en a manqué ; & ce district dont vous faites la satyre la plus amère en lui donnant des louanges, étoit seul chargé des réquisitions.

Elle n'a point établi l'ordre dans les marchés. Il n'y a eu dans la halle qu'un mouvement populaire, & il doit son existence aux discours incendiaires de votre protecteur Couthon, dont le cœur étoit aussi gangrené & la tête aussi détestable que les jambes.

Elle a favorisé l'avarice des boulangers. La réponse à cette injure se trouve consignée dans les registres de la police municipale.

Elle s'est laissé mener imbécillement par son

procureur-syndic, qui s'est toujours montré le partisan de la cour. Patriotes de bonne foi, lisez comme nous ses requisitoires, lisez les arrêtés de la commune qui sont son ouvrage, lisez ses délibérations ; & s'il se trouve un seul article favorable au royalisme, jettez au feu cette brochure, & vouez au mépris son auteur.

Enfin, termine Guimberteau, organe des cadavres vivans qui l'entouroient, *tous les vices d'un gouvernement lâche, tous les crimes d'une politique astucieuse, tous les forfaits contre-révolutionnaires sont ceux de la municipalité* ; & c'est par des phrases de cette espece, avec des inculpations aussi mensongères, & au milieu d'applaudissemens mendiés & gagés, que les Girault, les Dinochau, les Leroux, les Pointeau, les Ferrand, les Montlivault, les Bellenoue, les Riffault (19), les Ro-

___

(19) Rochejean, rédacteur du procès-verbal, s'est rendu coupable de faux, en ajoûtant aux membres destitués de la municipalité son ennemi privé le citoyen Riffault, qui n'étoit pas même du conseil-général de la commune ; mais *ce qui est bon à prendre est bon à garder*, & le taxateur auroit volontiers empoché les assignats du taxé.

gier, les Bergevin, les Lefevre, les Maſſion, les Charruyeau (20), ont été deſtitués, taxés (21) révolutionnairement, incarcérés & remplacés par des hommes qui ſont en partie déſarmés.

Telle fut en abrégé la beſogne préparatoire du comité & des terroriſtes de Blois ; & comme le député montagnard avoit beſoin d'un ſtimulant pour être révolutionnaire aux déſirs des méchans, après avoir travaillé & fait tous leurs efforts pour deſorganiſer le bataillon de Senlis, ils provoquèrent les militaires qui le compoſoient à une idée d'inſurrection par le refus ridicule qu'ils lui firent des denrées de première néceſſité. De-là le troiſième voyage de Guimberteau qui croyant la ville au pillage, & s'appercevant à ſon arrivée de la tranquillité dont elle

(20) Ce malheureux père de famille a ſuccombé ſous le poids de cette injuſtice.

(21) Nous attendons des renſeignemens plus ſûrs pour donner l'hiſtorique des taxes de Garnier. Nous plaignons d'avance certains taxateurs, ſi l'état qu'ils en ont donné au public n'eſt pas plus exact & plus fidele que le montant des ſommes offertes par les officiers de ſanté de notre hoſpice militaire.

jouissoit, se contenta d'incarcerer les chefs supposés de la prétendue révolte & de menacer de son courroux les sous-chefs & soldats qui oseroient murmurer. D'ailleurs la mission de ce député n'avoit pour objet que les chevaux de la république, & il falloit un prétexte pour lui donner tous les pouvoirs sur des hommes aussi dociles que ces animaux. Si le bataillon de Senlis eût secondé les projets des factieux, s'il eût voulu donner la mort à tous ceux que le comité lui auroit désigné & dont il auroit marqué les maisons, tel qu'il l'avoit prémédité quelques mois auparavant, nous n'aurions jamais reçu la visite de cet illustre crétois, & les maux qui ont affligé notre commune n'auroient jamais eu lieu.

C'est à des monstres semblables, nous l'écrivons avec douleur, que des citoyens dans des orgies scandaleuses ont eu la pusillanimité, pour ne pas dire la lâcheté, de prodiguer des éloges, & de présenter une pétition tendante à ce que le décret concernant les suspects fût exécuté avec toute sa rigueur. Cruels, l'extension que les triumvirs avoient donné à cette loi barbare, n'étoit-elle pas plusque suffisante à leur rage & à la vôtre ; & n'étoient-ils pas eux mêmes assez féroces pour vouloir leur associer encore quatre nouveaux bourreaux ? Poursuivez la lecture de ce mémoire, & contemplez leurs crimes & les vôtres ; mais auparavant, nous devons un mot sur le régime de nos prisons, & c'est une dette dont nous sommes jaloux de nous acquitter.

D'après les différens récits qui nous ont été donnés des maisons d'arrêt de Paris, il paroît qu'elles ont avec les nôtres un air de famille ; mêmes peines pour se procurer des secours, mêmes gardes pour surveiller les habitans paisibles de ces tombeaux vivans, & mêmes concierges pour les rançonner. Il en est cependant parmi ces derniers qui sont un peu moins brutaux les uns que les autres ; & l'on se louoit assez de ceux de Blois. Le nôtre étoit une bête quinteuse, toujours grondant, toujours menaçant, nous regardant comme un troupeau dont il étoit le propriétaire, & nous disant avec la gravité d'un sénateur, quelques jours avant notre translation : *le Comité n'enlevera pas mes gens sans me consulter.*

Dans tout autre local nous aurions plaisanté sa bonhomie ; mais dans un Repaire il faut gémir, se taire, obéir & payer ; & c'est aussi le parti que nous prenions.

Souvent l'on permettoit, en payant, à nos aides de nous apporter la nourriture nécessaire ; quelquefois même nous avions, en payant, le plaisir d'embrasser nos parens. Mais presque toujours de nouveaux ordres nous intimoient l'obligation de recevoir nos repas des mains sales & gourmandes du concierge & des gardes ; & lorsqu'il étoit urgent de demander des détails sur ses affaires personnelles, ou de s'informer de la santé des siens, il falloit alors graisser la patte à toute la basse-cour. Malheur à nous, si, dans ses fréquentes visites, un membre du Comité eût cru appercevoir sur nos figures le plus léger rayon de calme ou d'espérance ; le spectre aussitôt, ou menaçoit de nous retrancher la promenade, ou nous envoyoit des architectes mesurer nos très-petites cellules, toiser nos corridors, pour nous séparer, disoit-on, des femmes, & réduire ainsi chaque individu à une espace de quatre pieds (22). Ajoutons qu'il falloit n'employer que les ouvriers, barbiers & chirurgiens attachés au saint office, ou mourir faute de secours & dans les bras de l'ignorance (23). Aussi ressemblions-nous presque tous par la barbe à nos ayeux du quatorzième siecle, le perruquier n'ayant qu'une matinée à nous accorder par semaine.

Tous les prisonniers n'étoient pas tous également malheureux : le citoyen Rostaing, par exemple, étoit l'enfant gâté du Comité ; on mettoit pour lui en réquisition les bonbons enlevés chez le citoyen Marchais. Aimable Ververt, il paroissoit n'être en cage que pour y recevoir plus à l'aise les caresses de ses petits, & les attentions de sa charmante sœur, la citoyenne Laval. Nous aimons à croire que son vorace protecteur étoit plus que récompensé

(22) *C'étoit encore trop pour des scélérats.* Réponse faite à l'ingénieur en chef qui en demandoit six.

(23) Nous ignorons quel étoit l'officier de santé de nos prisons, notre intention n'a donc jamais été de l'insulter : c'est seulement un ridicule pour ces empyriques, qui n'ont d'autre emplâtre à appliquer sur une blessure qu'un certificat de civisme.

de

de son excès de bonté par les diners dont son protégé le bourroit ; mais nous aurions désiré qu'ils eussent été moins fréquens & moins longs. Ils étoient pour nous des jours & des heures de tristesse ; connoissant les effets digestifs (24) d'un estomac inquisitorial, nous nous tenions tapis dans nos trous, jusqu'à ce que le bouc eût été rendre à son dégoûtant tribunal le superflu de sa boisson.

Que faisoient alors nos aides, fideles messagères de nos provisions ? Elles se résig-

(24) On doit se rappeller dans quelles circonstances nous avons un jour été arrêtés vers les deux heures après midi & vis-à-vis la maison commune : les personnes présentes à cette scène, dans laquelle un magistrat du peuple cumuloit les fonctions de gendarme & de bourreau, rendent encore aujourd'hui justice à notre modération ; & cependant nous étions alors revêtus d'un grade militaire, dont n'a joui que très-peu de temps après nous l'intime ami de ces MM., l'immortel Cottet, dont le nom est devenu une injure, attendu qu'il est aux galères pour raison de vols faits à la République. Nous avons promis de ne point nommer ce membre du comité, & nous serons fideles à nos promesses ; mais une conversation que nous venons d'avoir avec l'infortunée supérieure de l'Hôtel-Dieu & le citoyen B***, nous pronostique qu'il ne sera jamais sur l'*album* de nos tablettes.

D

noient dans le silence aux humiliations & aux discours indécens d'une garde soldée, s'estimant heureuses d'entrevoir, à la chûte du jour, l'infortuné dont elles prenoient tant de soin. Recevez nos remerciemens, sexe aimant : nous connoissions bien votre douceur, vos égards compatissans & votre constance ; mais il falloit une épreuve semblable pour rendre à votre fermeté le tribut d'éloges que nous lui devons. Oui, notre fortune n'est qu'un foible échange des services que vous nous avez prodigués, & de l'attachement que vous nous avez montré dans ces temps désastreux. Eh ! pourquoi rougir de publier que les êtres, ci-devant mortifiés du nom honteux de domestiques, se sont toujours montrés, dans ces momens affreux, nos vrais & sincères amis, & méritent peut-être seuls aujourd'hui cet honorable titre ! Bonvalet, par son dévoûement au fort de Salaberry, a donné une grande & terrible leçon à ceux qui se décoroient, avant sa détention, des livrées de son amitié, & qui partageoient sa table & ses plaisirs. Qu'il est à plaindre, si jamais il est susceptible de remords, le scélérat Péan, qui, malgré les lois imprescriptibles de l'égalité, osa s'opposer à ce que la parole fût accordée au vertueux Bonvalet, sous le prétexte odieux & insensé que, mangeant à l'office de son patron, il ne pouvoit en être le défenseur.

Telle étoit alors la logique de nos tyrans ; pour les engraisser, il leur falloit du sang, & le plus pur étoit le plus chéri. Monstres, vous allez enfin être satisfaits, mais la justice des hommes nous vengera un jour de vos fureurs : sachez que tout s'use ici bas, jusqu'au fanatisme philosophique (25) & révolutionnaire.

(25) Je consultai les philosophes, je feuilletai leurs livres, j'examinai leurs diverses opinions ; je les trouvai tous fiers, affirmatifs, dogmatiques, même dans leur scepticisme prétendu, n'ignorant rien, ne pouvant rien, se mocquant les uns des autres ; & ce point, commun à tous, me parut le seul sur lequel ils ont tous raison. Triomphans quand ils attaquent, ils sont sans vigueur en se défendant. Si vous pesez les raisons, ils n'en ont que pour détruire ; si vous comptez les voix, chacun est réduit à la sienne ; ils ne s'accordent que pour disputer : les écouter, n'est pas le moyen de sortir de son incertitude.
    Rousseau, Emile, tom. 3.

Le lecteur doit se rappeller la fameuse journée du Mans, la perte qu'y fit Laroche-Jacquelin, & le succès de Vestermann. Blois, éloigné par soixante mille de distance du lieu du combat, ne pouvoit & ne devoit nullement s'attendre à la présence des Vendéens, même dans le cas où ils auroient réussi : sa position montueuse & escarpée, sa disette de grains & de fourrages de toute espece, & plus que tout cela les chemins horribles & boueux qui séparent son territoire de celui du Maine, lui présageoient d'un côté un isolement favorable à l'action, tandisque d'un autre la Beauce offroit aux Rébelles & l'abondance & la route facile de Paris. Malgré tous ces avantages, la peur ayant saisi nos lâches persécuteurs, (le crime est toujours sur le qui vive,) on les vit presque tous, le même jour & dans la même minute, abandonner leur poste & la commune, & conseiller la même désertion à leurs parens & à leurs familiers. Il en est un qui, ne pouvant se séparer de ses chers tonneaux, son unique fortune, leur fit passer la Loire dans l'espérance d'aller les visiter en cas d'attaque,

& de se consoler ainsi de nos pertes par la liqueur qu'ils renfermoient. Notre pont fut détruit (26) pour éviter aux Jacquelinistes, disoit-on, tout espoir de retour à Cholet; comme si Langeais, Tours & Angers ne leur présentoient pas un endroit & plus voisin & plus commode. Les arbres de notre unique promenade furent arrachés, pour ne pas servir, ajoutoit-on, de pontons aux fuyards: preuve certaine que l'ignorance la plus crasse étoit le génie de nos prétendus connoisseurs; car le moindre physicien accorde plus de pésanteur à un pied cube de chêne dans sa verdure qu'à pareille quantité d'eau. Enfin le dégat est encore en ce moment si ostensible, que le voyageur le plus distrait se croit transporté dans un jardin Anglois, où les ruines le disputent à la solidité, le désordre aux regles du compas, & la nature stérile au paysage le plus fécond & le plus fleuri.

(26) L'ingénieur en chef du département, le citoyen Simon, quoique malade & mourant, fût requis d'ordonner les travaux de cette destruction, & mourut quelque temps après des menaces qu'on lui fit, non perdre sa place, mais la tête, dans le cas où le passage des rébelles se fût effectué.

» Les courriers envoyés par nos administrateurs ne tardèrent pas à nous assurer la déroute complette de l'armée royaliste ; les journaux faisoient encore à peine l'éloge des exploits & du courage des vainqueurs républicains, que nos lâches conjurés rentrèrent & dans Blois & dans leurs fonctions inquisitoriales. Les détenus devoient s'attendre & s'attendoient en effet à plus de douceur ; mais la rage de leurs persécuteurs ne devint que plus forcenée par l'absence du danger, & ils préférèrent les excès de la débauche au travail pénible de leur ministère : c'est au milieu de la joie qu'ils méditèrent l'exécrable projet de nous assassiner. L'Indien, dégoûté de la vie, récite son chant funebre en la perdant ; nos bourreaux au contraire aiguisoient les poignards dont ils devoient nous frapper, aux colonnes du temple qui répétoient leurs détestables accens.

Un arbre, heureux signe de la liberté Française, avoit été planté par un bataillon de Seine-&-Oise, dans l'avant-cour de sa caserne. Ce gage précieux de sa reconnoissance fut détruit, sans pouvoir connoître l'auteur de cet attentat; nos égorgeurs ne manquèrent pas de publier qu'il étoit l'ouvrage de l'aristocratie toujours malveillante, & qu'il étoit instant d'en punir exemplairement les suspects. Si dans ce temps un Maignet nous eût été délégué, Blois auroit subi le même sort que Bédouin, & ne seroit plus aujourd'hui qu'un monceau de cendres; mais le bon esprit de la troupe & celui des habitans nous ont sauvé l'expiation d'un crime commis, nous osons le présumer, par les monstres qui vouloient depuis long-temps mettre le pillage & le carnage à l'ordre du jour, & qui seuls, en qualité d'étrangers, étoient intéressés à l'insurrection & aux forfaits. Soixante nouveaux arbres pour une seule liberté furent donc heureusement l'unique résultat de soixante motions incendiaires qui se succédèrent les unes aux autres; & les forêts nationales firent encore une fois les frais de l'holocauste : nous disons encore une fois, parce que le délit avoit été précédemment réparé aux dépens de la commune, qui avoit même ajouté au nouveau chêne un autel triangulaire, orné de dévises, & entouré d'une barrière tricolore à hauteur d'homme.

Les fêtes & les repas nécessaires à l'élévation de ce patriotisme boisé, sentimentalement détruit par Garnier de Saintes, n'étoient, hélas, que les avant-coureurs de l'orage qui devoit fondre sur nos têtes. Tel on voit l'adroit matelot préparer ses cordages pour la tempête, à l'aspect du hideux marsouin qui s'égaie sur la rive menacée; tels nous étions, lorsque, dans les promenades civiques, les cris sinistres & discordans de nos hiboux se mêloient aux doux concerts de nos frères, dont les voix libres & plaintives imitoient alors notre douleur. Comme ils devoient en effet souffrir, ces dignes apôtres de la sainte humanité, ces vrais amis de l'unité républicaine, en voyant ainsi détruire tous les symboles de la fraternité Française. On nous a vu souvent, nous détenus, oublier nos propres maux pour les plaindre, & baiser les chaînes qui nous dispensoient d'assister comme eux à ces perfides spectacles. Mais les infortunés ne pouvoient agir autrement; le fatal trauchant de la guillotine (27) menaçoit & leurs têtes & les nôtres, & cet instrument de mort étoit jour & nuit en permanence dans Blois. La terreur y étoit si profondément enracinée, que les bons habitans des campagnes apportoient en foule, & avec l'apparence trompeuse de la gaieté, les monumens de la piété de leurs ancêtres; que ceux des villes renversoient d'une main tous les objets d'une consécration de dix-sept siecles, & construisoient de l'autre des autels à la prostitution; que ce sexe, dont les tendres affections sont naturellement portées vers la religion, s'occupoit lui-même à détruire par le ciseau les ouvrages qu'une aiguille dévote avoit consacrés au culte catholique; & que tous, sans aucune exception, suivoient avec délire & avec transport les ânes & les tigres revêtus de nos ornemens religieux. C'est certainement dans ces banquets ou dans des orgies semblables que les patriotes par excellence, (& tout le monde connoît aujourd'hui la force de cette expression) dûrent se donner le nom bien

(27) On faisoit stationner & saluer ce lit de mort aux détenus que l'on conduisoit aux Carmélites.

mérité, quoique révoltant, de *Solides Mâtins*. Nous ne connoissons qu'imparfaitement l'origine de ce signal, puisque nous étions incarcérés; mais nous assurons que l'être qui long-temps après rougissoit encore à cet appel, étoit traité sans ménagement de Muscadin, d'Aristocrate, de Fédéraliste, &c. Il falloit donc manger dans la même gamelle de bois, boire dans le même vase de bois, & se décorer d'un turban & d'un collier d'esclave, d'un bonnet de galère, pour obtenir alors un brevet de patriote & un certificat d'homme libre. O *tempora, ô mores* !

Parcourons l'espace affligeant que nous nous sommes donné, & plongeons, s'il se peut, nos pinceaux dans les couleurs les moins acerbes.

Le dix-huit frimaire, au milieu de ces délassemens & parmi ces démonstrations de joie, une partie de l'armée révolutionnaire de l'Ouest arriva dans nos murs. Son conducteur, son ame & son génie, étoit un scélérat nommé Lepetit, membre du comité central de Saumur; son commandant, son chef de file ou son capitaine, un autre coquin appellé le Simon. Ce détachement avoit l'ordre de conduire à Orléans des suspects, & s'annonça comme tel lors de son entrée dans Blois, en demandant pour ses prisonniers un logement commode & en menaçant quiconque oseroit les insulter. Ces précautions d'une part & ces menaces inutiles d'une autre, que nous apprîmes aussi-tôt, auroient certainement dû nous rassurer ; mais nous ne connoissions que trop l'intérêt que prenoient à nos frères enchaînés leurs barbares alguazils. Ils les guérissoient en effet de toutes inquiétudes, même du malheur de traîner plus loin une existence pénible & souffrante, car ils les fusilloient en chemin. Ils ne couronnoient ainsi de fleurs & de festons leurs victimes, que pour les offrir grasses & parées à leurs divinités infernales. Trois cens cadavres, épars & mutilés sur la route de Chinon, annonçoient & les égards & les attentions de cette légion de bourreaux.

Quel fut donc notre désespoir, en apprenant deux heures après, que la motion de nous livrer tous à ces monstres avoit été faite & appuyée par d'autres monstres ; & ce, nous le répétons, dans un instant où la république, victorieuse à Laval, au Mans, à Savenay & à la Fleche, étoit entiérement sans danger! Quelle fut le lendemain, dix-neuf frimaire, notre résignation, lorsque nous entendîmes, au milieu des applaudiffemens (28), le bruit du falpêtre foudroyer, fous les yeux de nos époufes mourantes, de nos enfans & de nos amis, neuf perfonnes innocentes dévouées par le fort aux plaifirs meurtriers de ces fanguinocrates! La mort paroît en ces momens fous les livrées d'une confolatrice bienfaifante, qui met un terme aux douleurs de l'infortuné, & lui ouvre, comme à un de fes favoris, les portes de l'avenir le plus riant. Auffi chacun de nous s'y préparoit-il avec fermeté : nous nous encouragions mutuellement les uns & les autres à l'envifager

(28) Nous ne pouvons concevoir comment un peuple auffi doux que le Bléfois peut fe permettre de crier, dans ces circonftances cruelles : *vive la Nation*. Malheureux, c'eft un frère, c'eft un Français, c'eft un homme de moins pour la fociété ; & fut-il fon plus cruel ennemi, ne vaudroit-il pas mieux l'employer aux travaux publics, que de verfer un fang toujours inutile & qui germe fouvent de coupables défenfeurs ?

sans frayeur; & presque tous, hommes, femmes & enfans, ont-ils alors juré de montrer au peuple assemblé sur le lieu du supplice, que les détenus de Blois étoient tous aussi fortement attachés aux intérêts de la France, qu'ils l'étoient peu aux charmes de la vie. Mais il étoit écrit dans le grand livre des destinées humaines, que nous serions réservés à de nouvelles épreuves, & que notre existence ne seroit point confiée à des mains étrangères. La commune eût même l'attention de faire proclamer que les fusillés étoient des rebelles pris les armes à la main, & dont le jugement militairement prononcé avoit été militairement exécuté.

Cette proclamation bienfaisante par son motif, étoit incapable de nous consoler, d'après notre certitude sur les crimes & la profession de ces prétendus Vendéens. Nous connoissions tous le ci-devant prieur de Fontevrault; nous avions possédé dans notre enceinte le ci-devant curé de Saumur, lors du premier siege de cette ville; & nous ne doutions aucunement que ces deux ecclésiastiques & trois autres dont les noms nous sont inconnus, fussent conformistes & honorés par leurs communes d'un certificat de civisme. Leur seul délit étoit d'avoir gémi sur le Vandalisme destructeur, & d'avoir dit la messe le jour de Noël précédent : celui de leurs compagnons de trépas, d'avoir refusé l'encens à de viles prostituées, pour l'offrir dans toute sa pureté sur les autels du seul maître qui leur étoit encore permis de reconnoître & d'adorer. Vous eussiez donc été massacré, Fénélon, vertueux apôtre de la tolérance ; & de vos reliques chéries l'homme de bien n'auroit trouvé

Qu'un horrible mélange
D'os & de chairs meurtris & traînés dans la fange ;
Des lambeaux pleins de sang & des membres affreux
Que des chiens dévorans se disputoient entr'eux.

Nous nous rappellerons sans cesse cette journée d'amertume & de deuil, pendant laquelle, étroitement pressés dans nos bras, nous attendions de minute en minute les fatales courroies qui devoient nous enchaîner, & les féroces antropophages qui se réjouissoient de nous dépecer.

Ce ne fut que le soir & à la nuit que

l'on vint charitablement nous avertir du départ des requins (29) étrangers, & que la proclamation, dont il est parlé ci-dessus, eût lieu. Cette nouvelle & sur-tout ce tendre intérêt de la part de nos concitoyens, calmèrent un peu nos inquiétudes, sans nous rassurer parfaitement; le tout étoit d'ailleurs accompagné de la consigne sévère de ne pas même nous laisser entretenir avec nos gardes: refus qui nous affligeoit, en ce qu'il nous empêchoit de concevoir quels étoient les nouveaux projets de nos égorgeurs. Nos pressentimens se croisoient donc en raison inverse de la cruauté de nos décemvirs; & les journées des vingt & vingt-un frimaire furent encore passées dans les allarmes & dans l'alternative douloureuse de la vie ou de la mort.

Une situation pareille ne pouvoit durer long-temps; elle étoit trop allarmante pour nos épouses et nos enfans, trop inquiétante pour nos amis, trop douce pour nos ennemis et trop désespérante pour nous. Aussi le vingt-deux suivant, dès la pointe du jour,

(29) Les naturalistes appellent aussi ce poisson de mer *requiem*, à raison de ce qu'il aspire la mort.

nous fûmes tous également peu surpris d'entendre les cris de mort d'un peuple toujours crédule et toujours malheufement avide de spectacles fanguinaires. Ces furies de guillotine nous annoncèrent que notre tranflation étoit arrêtée & que nous ferions tous dans la même journée conduits à Orléans fous les traces empoifonnées de Lepetit. Nous étions au dénouement de la tragédie, il falloit du courage, & nous n'en manquâmes pas. On peut confulter sur cet objet les commiffaires du Comité, qui vinrent affiéger notre maison avec une compagnie de volontaires & d'huffards, & qui nous laiffèrent à peine le temps de faire le plus mesquin de tous les paquets & de prendre le plus frugal de tous les repas.

On nous fit alors raffembler dans un vafte local ; & là, dans le plus grand filence, on nous lut l'arrêté définitif qui faifoit trois liftes de tous les prifonniers & qui leur diftribuoit trois punitions différentes pour un feul délit, celui d'avoir eu le malheur de déplaire au crime perfécuteur & le bonheur de refpecter la vertu opprimée. Les uns devoient être traînés à Orléans, & c'étoit,

disoit-on

disoit-on, les plus coupables; les autres menés à Pont-levoy, & le plus petit nombre destiné à garder les arrêts sous un cautionnement de dix, vingt, trente et cinquante mille livres. Certes, si l'on nous eût tous consultés, nous n'aurions jamais voulu nous séparer : l'attachement contracté dans l'infortune se puise en une trop belle source pour n'être pas durable. Il faudroit un talent supérieur au nôtre pour crayonner nos adieux et assurer quel étoit parmi nous le plus malheureux de tous : nous garderons donc le silence sur cet article, dans la crainte d'être au-dessous des expressions convenables à notre sujet.

On nous força de laisser nos couchettes garnies, et un seul lit de mauvaise paille nous fut généreusement offert en échange, pour opérer sur une charrette (30) cet infâme et perfide voyage. Un soulagement de cette espece ne tarda pas même à devenir un poison dangereux pour nos vieillards et nos

(30) *Le citoyen...... propriétaire de chivaux & charette est requis de se trouvé demain aveque sur sa tête au repaire de ....* Modele de requisition donné à un voiturier de Chouzi.

E

femmes et un vrai fumier pour nous tous, par les pluies froides et abondantes qui ne nous abandonnèrent après deux jours et une nuit de marche que dans les prisons d'Orléans. Mais, avant d'entrer dans cette populeuse cité, n'oublions pas le sujet profond de méditation que nous dûmes éprouver, lorsqu'à Beaugenci nous fûmes forcés de mouiller nos pieds dans le sang précieux de nos frères, et lorsqu'à deux lieues de cette commune nous fûmes rencontrés par leurs lâches assassins. Hussards du huitième, si nous traçons aujourd'hui ces lignes, c'est à votre bravoure que nous devons cet avantage; sans la fermeté de vos réponses aux injures et aux menaces de Lepetit, un plomb vil et meurtrier auroit plongé dans le deuil une partie de notre département. Recevez ici nos remercimens, généreux défenseurs des opprimés : c'est sous votre panache que l'on reconnoit encore la vraie valeur.

Qu'il est consolant au milieu des tombeaux de trouver une ombre chère à l'humanité. Nous nous empressons de rendre à la jeune citoyenne Puzela l'hommage que nous devons à son courage & à sa piété filiale. Jamais une figure plus intéressante ne fut l'enveloppe d'une plus belle ame. Ses larmes & ses instances obtinrent des conducteurs la permission de se placer à côté de son vertueux père qu'elle suivoit à pied, dans un moment où les détenus s'attendoient à la mort : l'image de toutes les vertus aux prises avec tous les crimes est un spectacle digne de nos respects & des regards de la providence.

Nous ne dirons rien des Orléanois et de leurs prisons ; nous laissons aux victimes malheureuses des égorgeurs de ce pays la pénible fonction de transmettre à l'histoire et les souffrances des persécutés et les forfaits des persécuteurs. Nous devons cependant convenir qu'annoncés comme des rébelles, nous n'en fûmes pas moins bien reçus du peuple ; et quelques larmes répandues sur notre situation nous prouvèrent, à n'en plus douter, que l'homme est naturellement bon,

A moins que par malheur
Un autre ait corrompu son esprit et son cœur.

Le concierge de la maison lui-même eut pour nous des bontés, en nous accordant comme aux autres détenus deux heures de promenade par jour, et en ne nous renfermant comme eux sous clef qu'à neuf heures du soir. Ce qui nous attristoit seulement dans ce séjour étoit, d'un côté l'éloignement de nos parens et de nos amis, et de l'autre le souvenir amer des prisonniers de la ci-devant haute cour nationale si cruellement assassinés à Versailles. Nous occupions leurs cachots, tout nous retraçoit leurs malheurs, & la même destinée nous attendoit peut-être.

C'est après huit jours de réflexions aussi tristes que l'on vint annoncer notre retour à Pontlevoy et nous signifier que nous y étions attendus. Alors notre satisfaction fut si grande, notre imagination fut si agréablement frappée, que nos modestes voitures nous parurent autant de chars de triomphe, et nos gardes un cortege accordé à la victoire que nous venions de remporter sur nos ennemis.

Cœurs aimans et sensibles, qui avez versé des pleurs sur les déchiremens de la France, vous seuls êtes capables de concevoir nos transports de joie en serrant dans nos bras nos vertueux frères. C'est à cette dernière épreuve que l'homme bénit encore son existence et oublie ses propres malheurs. Oui, nos maux cessèrent de nous effrayer et se dissipèrent comme un songe, au récit que nos collegues nous firent de la férocité de nos communs *Cannibales* qui, trop lâches pour les égorger, avoient placé sur leur passage un fusillé à qui la Loire pour cette fois aussi cruelle que les hommes avoit refusé la sépulture. Il semble que nos douleurs perdent un degré de force, lorsqu'une main étrangère en est la cause, & qu'elles augmentent en proportion que le bras qui nous frappe est particuliérement connu de nous.

Nous vous cherchâmes dans cette nouvelle demeure, infortuné Cellier, généreux compatriote: en vous garottant de chaînes comme un vil criminel, & en menaçant d'un poignard vos jours, les monstres ne vouloient que vous priver de votre place de receveur, en recompenser le crime (31) & en partager les dépouilles; ils avoient

(31) Nous signalons Gidouin comme le plus coupable des terroristes, parce qu'étant enfant de la cité

réuſſi & vous étiez libre. Cette liberté proviſoire qui vous annonçoit le prompt retour à vos fonctions, doit vous garantir la punition de vos coupables meurtriers.

Cet oracle est plus ſûr que celui de Calchas.

Il est impoſſible de quitter Pontlevoy ſans il eſt le ſeul Bléſois paſſablement éduqué qui ait opprimé ſes concitoyens.

Nous ne lui reprochons pas ſeulement d'avoir oſé publier que le receveur du diſtrict, créancier de ſa caiſſe, l'avoit ſpoliée, d'avoir traité ce citoyen honnête avec la plus grande barbarie, d'avoir fait incarcérer les hôtes (*Leyridon*) reſpectables qui avoient offert un azyle à l'opprimé, & de s'être emparé des richeſſes de ſa victime ; mais ſes mains teintes du ſang des Français, ſes chants d'une joie féroce à chaque coup de fuſil qui portoit la mort dans le ſein de la vertu ; ſon orgueil forcené & ſes vociférations ſtupides dans la priſon qu'il occupe aujourd'hui, nous font regretter de l'avoir connu. Non, mes compatriotes, vous n'aurez point à vous faire un reproche de ſa nomination ; ſa naiſſance eſt une erreur de la nature, & il méritoit d'être auſſi étranger à nos mœurs que ceux qui l'ont choiſi. Jurez donc une ſeconde fois avec nous de ne jamais aſſocier à vos emplois ceux dont vous n'aurez point partagé depuis votre jeuneſſe les jouiſſances & les douleurs ; & ſur-tout ne trahiſſez pas de pareils ſermens.

faire l'éloge (32) du directeur & du plus grand nombre des instituteurs de ce college. Promenades agréables & champêtres, lectures intéressantes, conversations enjouées: tout étoit mis en usage pour nous faire oublier la perte de notre liberté & rendre notre captivité aussi douce que les circonstances l'exigeoient, sans cependant la compromettre par une trop grande extension de jouissances. A le bien prendre nous étions même physiquement plus heureux que nos frères incarcérés dans leur propre maison, sous un cautionnement fort au dessus de leur fortune, mais toujours au dessous de leur parole d'honneur.

C'est aux différens changemens de nos

(32) L'intérêt & les égards que nous témoignèrent les habitans de Montlivault, nous ont peu surpris, après les pertes que cette commune avoit à regretter. Brûlons donc comme elle nos ressentimens à combler de bienfaits les êtres malheureux qui appartiennent à vos ennemis, à surveiller les tyrans de notre patrie sans les inquiéter, à leur pardonner sans les oublier & à les utiliser sans leur accorder désormais la plus légère confiance. C'est la seule vengeance qui convienne à des opprimés vertueux & aux amans de la paix. *Dicere de vitiis, parcere personis.*

E 4

comités révolutionnaires, c'est aux députés en mission (33) que nous devons notre retour à la société, à nos affaires personnelles & sur-tout à la reconnoissance. Puisse aujourd'hui la source des larmes versées par la joyeuse amitié se perdre dans celle de la douleur & la faire oublier ! Puisse sur-tout l'heureux reveil d'un peuple né pour la vertu ne céder au sommeil que sur les bords de la tombe du dernier des scélérats !

(34) Parmi ces députés, nous citons avec plaisir le citoyen Laurenceot, comme celui auquel les administrés du département de Loir & Cher ont les plus grandes obligations. La seule fois que nous avons eu l'occasion de le voir & de l'entendre sera toujours présente à notre souvenir. L'expression avec laquelle il nous a publiquement annoncé le triomphe de la convention sur les terroristes, prouve & la sensibilité de son ame & la bonté de son cœur. Nous consignons ici cette anecdote avec d'autant plus d'assurance que nous ne connoissons point cet estimable citoyen, & que certainement nous n'avons ni grace à lui demander ni refus à en recevoir.

CONCLUSION.

J'ai dénoncé au seul tribunal de l'opinion publique les hommes sanguinaires qui m'ont persécuté, qui ont voulu me livrer à la fusillade de Lepetit & m'assassiner. J'ai respecté la foiblesse de ceux qui, pouvant & devant par état prendre la défense de l'opprimé, l'ont abandonné aux fureurs des méchans. Le glaive de la terreur se promenoit alors sur toutes les têtes, & la France n'étoit peuplée que d'esclaves & de tyrans. Il étoit impossible d'exiger l'ordre au milieu du cahos & du désordre, & d'invoquer l'équité dans le sein de l'injustice.

Cependant je ne devois m'attendre aux écueils & m'endurcir contre les maux que je ne pouvois prévoir que lorsqu'un naufrage universel auroit englouti tous les François. Je contemplois les scélérats du haut de mon innocence ; & satisfait de ne point exciter l'envie, je restois sans ambition & sans emploi parmi les intriguans & les factieux. Les monstres m'ont atteint, m'ont reconnu dans la foule, & ceux qui jadis cherchoient leur nourriture, rampans sous la table des dominateurs, m'ont combattu sans me vaincre : je serois aujourd'hui un lâche, si dans la lutte générale je n'apportois pas pour les détruire le contingent de mes facultés physiques & morales.

J'invite donc les puristes qui attaquent dans le silence de quelques cotteries mes phrases & les déclarent incorrectes, de vouloir bien ajourner toutes leurs difficultés grammaticales au moment heureux où la patrie, purgée des Collot & des Barrère, pourra sourire aux Vadius & aux Trissotins. Je les préviens que c'est moins la faute d'un style rembruni que celle du sujet si quelquefois mes expressions sont trop fortement prononcées. Mes idées se sentent du terroir qui les a produit ; & ce n'est point dans les fers que les terroristes m'ont donné, & dans les cachots où ils m'ont plongé, que j'ai pu les embellir de fleurs & d'ornemens. Il faut à l'homme de lettres la nature pour cabinet & la liberté pour génie.

Plein de respect pour les cultes religieux, je n'ai point voulu parler de ces charlatans déhontés qui ont abjuré leur ancien ministère, & qui se sont lâchement accusés d'avoir professé à l'extérieur des dogmes auxquels ils ont toujours refusé leur assentiment interne. Cet aveu ne m'étoit nullement nécessaire pour prouver qu'ils ont été des imposteurs, & faire préjuger qu'il étoit lui-même dans leur bouche une nouvelle imposture. Eh! qu'importe au public que les Panis-Plassiard, les Rochejean, les Bayeux, les Raboteau & autres ayent rendu leurs lettres de prêtrise & se soient déclarés les apôtres de l'athéisme, lorsqu'il a réellement à se plaindre de leurs crimes antisociaux & de leur scélératesse civile? Ne sait-il pas d'ailleurs que l'église constitutionnelle étoit alors la sentine de la barque de Pierre?

J'ai pareillement gardé le silence sur ce manque continuel d'inviolabilité dans la distribution des lettres : despotisme qui n'auroit jamais dû s'attendre à trouver parmi nous des agens, & qui s'est malheureusement trop prolongé dans Blois, même après le décret qui supprimoit cet acte d'oppression.

J'ai sur-tout résisté aux pressantes instances d'ajouter à ce tableau les noms de ces trop coupables signataires, qui, sur deux listes de proscription, distribuoient la mort, & signaloient une espace de quelques pieds dans les charniers de Fouquier-Tinville, à leurs rivaux, à leurs débiteurs, à leurs ennemis privés, souvent même à des infortunés qui les avoient soulagés dans le malheur & consolés dans la peine. De semblables monumens sont plus faits pour éterniser les haines particulières que pour resserrer les nœuds d'une fraternité républicaine ; & personne n'ignore qu'en révolution les meneurs du parti dominant sont toujours les seuls criminels.

Les scélérats! on se contente aujourd'hui de les méprifer & de les livrer à l'opprobre de la vie. Ils jouissent de la liberté, ils se reposent au moins sans inquiétude & dans les remords; ils ne craignent qu'on vienne les assassiner sous les couvertures qu'ils ont dérobé à ceux qu'ils ont opprimés: tant il est vrai que les hommes bons & pacifiques ne seront jamais à craindre. Non, ce ne sont point les victimes des terroristes qui exciteront contre eux le peuple au meurtre, au pillage & à l'incendie: elles préféreroient plutôt le retour impossible de la terreur, à s'armer elles-mêmes du glaive de l'ostracisme & du tranchant de l'anarchie.

Enfin j'aime encore à me persuader que plusieurs n'ont été qu'égarés, & qu'un sincere repentir les rendra tout ou tard à l'humanité & à la nature qu'ils ont si long-temps outragées: en conséquence, je n'ai point voulu nommer tous ceux qui ont pris part aux horreurs commises sous la tyrannie, & qui ont été les vils

& aveugles instrumens du despotisme triumviral. Une nomenclature de noms inconnus à quelques lieues de Blois n'auroit en outre servi qu'à reculer les bornes ordinaires d'une brochure; & le lecteur se soucie fort peu de connoître les Rayé, les Chabot & autres de cette espece, qui avoient besoin d'une révolution pareille à la nôtre pour jouer un rôle, quelque bas & détestable qu'il soit, sur ce vaste théatre. C'est donc principalement contre les chefs, c'est sur-tout contre les étrangers qui ont désolé mon pays, que je dois exciter la surveillance active des lois : sans eux, l'union & la concorde renaîtroient promptement parmi tous les enfans de la cité, & l'on ne verroit plus que des Français qui, la branche d'olivier à la main, prouveroient qu'ils ne veulent que le bonheur de tous pour gage d'une paix que chacun d'eux signeroit en particulier de tout son sang.

DURIE - MASSON.

FAUTES A CORRIGER.

Page 5, ligne 21, gravées *lisez* gravés.

Page 14, lig. 3 de la note, emprégné *lisez* imprégné.

Page 17, ligne 15, peut le *lisez* peut trop le.

Page 20, ligne 9, les *lisez* des.

Page 23 ligne 17, de *lisez* des.

Idem, ligne derniere, nouveau mariage *lisez* mariage républicain.

Page 24, ligne 8, égament *lisez* également.

Page 31, ligne 16 de la note, de passage *lisez* de ce passage.

Page 51, lig. 4 de la note, pouvant, *lisez* prouvant.

Page 53, ligne 5 de la note, non perdre *lisez* non de perdre.

Page 64, ligne 3, malheusement *lisez* malheureusement.

MANDATS IMPÉRATIFS

A DONNER

AUX DÉPUTÉS AU CORPS LÉGISLATIF.

« Tous les citoyens ont le droit et sont
» invités de communiquer leurs vues, tant
» sur les dispositions, le développement dont
» la constitution est susceptible, que sur la
» meilleure organisation du gouvernement ».
Art. V. du Décret du 29 Germinal 3ᵉ année.

MANDATS IMPÉRATIFS

A DONNER

AUX DÉPUTÉS AU CORPS LÉGISLATIF.

Tout excès a son terme, et l'homme qui sommeille,
Aux purs rayons du jour à la fin se reveille.
L'Ami des Loix, act. I, sc. 1.

La situation dans laquelle étoit la France à l'époque de la convocation des états généraux, ne permettroit pas que l'administration générale restât confiée à des ministres qui ne se conduisoient que par un intérêt sordide, et pour l'avantage de ceux qui les approchoient de plus près. A cette époque d'ailleurs, deux ordres privilégiés jouissoient de tous les avantages d'un gouvernement oppressif pour le plus grand nombre, et singulièrement pour la classe laborieuse et la plus nombreuse. Aussi cette classe intéressante desiroit-elle un nouvel ordre, c'est-à-dire, un gouvernement plus juste, plus stable, sur-tout moins onéreux, et moins oppressif. Le peuple alors ne voyoit que les impositions qui l'accabloient d'un fardeau si pesant qu'il ne pouvoit plus le porter; mais les hommes instruits de cette classe voyoient la nécessité et la justice d'organiser le gouvernement de manière à le rendre le plus avantageux possible pour les administrés, sans considération pour l'intérêt personnel des administrateurs.

Guidés par ces principes, qui établissoient la liberté et l'égalité sur les bases de l'équité et de la justice, les députés aux états généraux ont formé le projet de donner une constitution au peuple français, qui l'a reçue avec d'autant plus d'enthousiasme et de reconnoissance qu'en divisant les pouvoirs, elle maintenoit la sûreté des personnes et des propriétés, et assuroit l'indépendance des individus contre les coups d'autorité.

Une chose essentielle a manqué à cette constitution, et cette chose en a occasionné l'anéantissement.

On convient généralement aujourd'hui que la loi n'est et ne peut être que l'expression de la volonté générale; si elle est faite par un roi, elle n'est que l'expression de la volonté du monarque; si elle est faite par des députés, elle n'est que l'expression de la volonté des députés ou de la majorité des députés. Pour qu'elle soit réellement l'expression de la volonté générale, il ne faut donc pas qu'elle soit l'ouvrage d'un monarque ou de députés, mais l'ouvrage du peuple lui-même. Et comment peut-elle être l'ouvrage du peuple entier, ou de la majorité du peuple? En exprimant son vœu lorsqu'il charge, dans ses assemblées primaires, les électeurs de choisir des députés, à l'effet de stipuler pour lui au corps législatif. C'est en effet au moment où il fait le choix des électeurs pour nommer des députés, qu'il a le droit de déterminer de quelle manière il entend être administré. En cela il ne fait que ce qu'a droit de faire un père de famille dont les biens sont épars, et qui, pour se soulager, prend un aide qu'il charge d'agir pour lui où il ne peut se transporter, en lui traçant la manière de faire valoir ses intérêts. Si le mandataire excède les termes de son mandat, il est responsable de tout le tort qui peut en résulter, parce qu'en agissant pour un tiers, il n'a pu et dû faire que ce que ce tiers l'a chargé de faire. L'intention du mandant n'étoit pas que le mandataire se mît à sa place, mais stipulât ses intérêts, et fit valoir ses droits pour le plus grand avantage de lui mandant, sans que le mandataire pût se mettre jamais et dans aucun cas à sa place.

Ces principes, qui sont de tous les temps et de tous les lieux, reçoivent une juste application au mandat donné par le peuple à ses députés qu'il charge d'agir pour lui au corps législatif. Si les députés sont envoyés au corps législatif sans mandat, il peut en résulter les plus grands inconvéniens; c'est une vérité que personne ne peut aujourd'hui méconnoître en France, après tous les événemens fâcheux dont cette malheureuse nation n'a que trop été la victime. Il est d'ailleurs évident, dans ce cas, que le peuple n'exprime pas sa volonté, et que la loi que les députés rendent n'est pas l'expression de la volonté du peuple, mais l'expression de la volonté des députés, ou de la majorité des députés; et alors il est aussi évident que la loi n'est pas l'expression de la volonté générale, et par conséquent que ce n'est pas une loi, puisque, pour être telle, il faut qu'elle soit l'expression de la volonté générale.

Jean-Jacques Rousseau, que l'on ne soupçonnera pas sans doute de modérantisme et entaché d'aristocratie, a développé, à l'occasion des mandats à donner aux députés, des principes qu'il est nécessaire de rappeller et de mettre sous les yeux de la convention, dans un moment où elle s'occupe de l'organisation de la constitution, et où elle a invité tous les citoyens à lui faire part de leurs vues. Voici les expressions dont se sert ce grand homme, chapitre 7 de ses considérations sur le gouvernement de Pologne et sur sa réformation projettée.

« Le second moyen (1), dit-il, est d'as-
» sujettir les représentans à suivre exacte-
» ment leurs instructions, et à rendre un
» compte sévère à leurs constituans de leur

---

(1) Pour prévenir le mal terrible de la corruption, qui, de l'organe de la liberté, fait l'instrument de la servitude dans les grands états, en ce que la puissance législative ne peut s'y montrer elle-même, et ne peut agir que par députation.

» conduite à la diète (2). Là-dessus je ne
» puis qu'admirer la négligence, l'incurie,
» et j'ose dire la stupidité de la nation
» anglaise, qui, après avoir armés ses dé-
» putés de la suprême puissance, n'y ajoûte
» aucun frein pour regler l'usage qu'ils en
» pourront faire pendant sept ans que dure
» leur commission.

« Je vois que les Polonois ne sentent
» pas assez l'importance de leurs diétines (3),
» ni tout ce qu'ils leur doivent ni tout ce
» qu'ils peuvent en obtenir en étendant
» leur autorité, et leur donnant une forme
» plus régulière. Pour moi je suis con-
» vaincu que si les confédérations ont
» sauvé la patrie, ce sont les diétines qui
» l'ont conservée, et que c'est là qu'est le
» vrai palladium de la liberté.

« Les instructions des nonces (les dépu-
» tés) doivent être dressées avec grand
» soin, tant sur les articles annoncés dans
» les universaux que sur les autres besoins
» présens de l'état ou de la province, et

(2) Espèce d'assemblée nationale.

(3) Espèces d'assemblées primaires.

» cela par une commission présidée, si
» l'on veut, par le maréchal de la diétine,
» mais composée au reste de membres choi-
» sis à la pluralité des voix, et la noblesse
» ne doit point se séparer que ces instruc-
» tions n'ayent été lues, discutées et con-
» senties en pleine assemblée. Outre l'ori-
» ginal de ces instructions, remis aux non-
» ces avec leurs pouvoirs, il en doit res-
» ter un double signé d'eux dans le registre
» de la diétine. C'est sur ces instructions
» qu'ils doivent à leur retour rendre compte
» de leur conduite aux diétines de relation
» qu'il faut absolument rétablir ; et c'est sur
» ce compte rendu qu'ils doivent être ou
» exclus de toute autre nonciature subsé-
» quente, ou déclarés de rechef admis-
» sibles, quand ils auront suivi leurs ins-
» tructions à la satisfaction de leurs cons-
» tituans. Cet examen est de la dernière
» importance. On n'y sauroit donner trop
» d'attention, ni en marquer l'effet avec
» trop de soin. Il faut qu'à chaque mot
» que le nonce dit à la diete, à chaque
» démarche qu'il fait, il se voye d'avance
» sous les yeux de ses constituans, et qu'il

» sente l'influence qu'aura leur jugement,
» tant sur ses projets d'avancement que
» sur l'estime de ses compatriotes, indis-
» pensables pour leur exécution ; car enfin,
» CE N'EST PAS POUR Y DIRE LEUR SEN-
» TIMENT PARTICULIER, MAIS POUR Y
» DÉCLARER LES VOLONTÉS DE LA NA-
» TION, QU'ELLE ENVOYE DES NONCES
» A LA DIETE. Ce frein est absolument
» nécessaire pour les contenir dans leur
» devoir, et prévenir toute corruption,
» de quelque part qu'elle vienne. Quoi-
» qu'on en puisse dire, je ne vois aucun
» inconvénient à cette gêne, puisque la
» chambre des nonces n'ayant ou ne de-
» vant avoir aucune part au détail de l'ad-
» ministration, ne peut jamais avoir à
» traiter aucune matière imprévue. D'ail-
» leurs pourvu qu'un nonce ne fasse rien
» de contraire à l'expresse volonté de ses
» constituans, il ne lui feroient pas un
» crime d'avoir opiné en bon citoyen sur
» une matière qu'ils n'auroient pas prévue,
» et sur laquelle ils n'auroient rien déter-
» miné. J'ajoute enfin que quand il y au-
» roit en effet quelqu'inconvénient à tenir

» ainsi les nonces asservis à leurs instruc-
» tions, il n'y auroit point encore là à
» balancer vis-à-vis l'avantage immense que
» la loi ne soit jamais que l'expression réelle
» des volontés de la nation.

« Mais aussi, ces précautions prises, il
» ne doit jamais y avoir conflit de juris-
» diction entre la diete et les diétines, et
» quand une loi a été portée en pleine
» diete, je n'accorde pas même à celles-
» ci droit de protestation. Qu'elles punis-
» sent leurs nonces; que s'il le faut elles
» leur fassent même couper la tête quand
» ils ont prévariqués; mais qu'elles obéis-
» sent pleinement, toujours, sans excep-
» tion, sans protestation; qu'elles portent,
» comme il est juste, la peine de leur mau-
» vais choix, sauf à faire à la prochaine
» diete, si elles le jugent à propos, des
» représentations aussi vives qu'il leur
» plaira. »

Ces principes d'un grand homme, dic-
tés par amour et par intérêt pour le peuple, pour son bonheur et pour sa tranquillité, ne peuvent que conduire à un
gouvernement juste, sage et modéré, parce

que les pouvoirs étant divisés de manière à ce que le corps législatif ne puisse jamais s'immiscer dans les fonctions exécutives, administratives et judiciaires, il ne pourroit s'occuper que des lois que le peuple auroit demandées; et il est tout naturel que le peuple ait seul l'initiative de la loi, puisque c'est pour lui et pour lui seul qu'elle est faite, et que lui seul peut mieux connoître ses besoins que ses députés.

Ainsi, nul doute que la constitution, après avoir divisé les pouvoirs, doit laisser au peuple, réuni en assemblées primaires, le droit inaliénable et imprescriptible d'assujettir ses députés à suivre leurs instructions, et à rendre un compte sévère de leur conduite aux corps électoraux qui les auront nommés.

Sans cette sage précaution, du moins il y a tout lieu de le craindre, le peuple français n'aura jamais un gouvernement stable, parce que chaque corps législatif, jaloux de l'autorité suprême et immense qui lui sera confiée, n'ayant rien qui contrebalance cette autorité, se croira en droit de retoucher l'ouvrage du corps qui l'aura précédé, et plus en état que lui de faire de meilleures lois. Les malheurs que nous avons éprouvés, et qui, pour la plupart n'ont été occasionés que par une lutte de factieux qui se combattoient plus par attachement à des opinions forcenées que par zèle pour la cause du peuple dont ils se jouoient, doivent être sans cesse présens à la mémoire de tous les français, et les engager à prendre les plus grandes précautions pour s'en garantir à jamais. Et quelles précautions plus grandes que celles d'assujettir les députés à des instructions dont ils ne pourront s'écarter ?

« Mais pour que l'administration soit
» forte, bonne, et marche bien à son but,
» dit encore J. J. (4), toute la puissance
» exécutive doit être dans les mêmes mains :
» mais il ne suffit pas que ces mains changent, il faut qu'elles n'agissent, s'il est
» possible, que sous les yeux du législateur, et que ce soit lui qui les guide.
» Voilà le secret pour qu'elles n'usurpent
» pas son autorité. » Nous ajoûtons, nous,

(4) Réflexions sur le gouvernement de Pologne.

qu'il ne faut jamais que celui-ci se mêle de l'exécution ; sans cela, réunissant le pouvoir législatif et le pouvoir exécutif, il n'y a plus ni liberté, ni sûreté, ni tranquillité, mais despotisme absolu, haine et tyrannie. A cet égard le peuple français a des exemples frappans sous les yeux. Il peut se reporter à ce qui s'est passé dans les années 1792, 1793 et 1794.

C'est à ces temps malheureux qu'on peut appliquer les réflexions que fait le bon J. J. à l'occasion du projet d'affranchir les serfs de la Pologne.

« Ce que je crains, dit-il, n'est pas seu-
» lement l'intérêt mal entendu, l'amour-
» propre et les préjugés des maîtres. Cet
» obstacle vaincu, je craindrois les vices
» et la lâcheté des serfs. La liberté est un
» aliment de bon suc, mais de forte di-
» gestion ; il faut des estomacs bien sains
» pour le supporter. Je ris de ces peuples
» avilis qui se laissant ameuter par des li-
» gueurs, osent parler de liberté sans même
» en avoir l'idée, et, le cœur plein de tous
» les vices des esclaves, s'imaginent que
» pour être libres, il suffit d'être des mu-

» tins. Fière et sainte liberté ! Si ces pau-
» vres gens pouvoient te connoître, s'ils
» savoient à quel prix on t'acquiert et te
» conserve, s'ils sentoient combien tes
» lois sont plus austères que n'est dur le
» joug des tyrans, leurs foibles ames, es-
» claves de passions qu'il faudroit étouffer,
» te craindroient plus cent fois que la ser-
» vitude ; ils te fuiroient avec effroi, com-
» me un fardeau prêt à les écraser. »

Après six années d'une révolution commencée d'abord par la philosophie, soutenue ensuite par la terreur et par les crimes les plus atroces, il est temps de rendre au peuple français la paix et la tranquillité que ses sacrifices sans nombre lui ont méritées. O vous, ses députés, ses mandataires, qui, chargés de ses pouvoirs, ne devez voir que ses intérêts et son bonheur, oubliez toutes vos passions, toutes vos haines, pour ne vous occuper que des grands intérêts qui vous sont confiés. Ce n'est pas pour vous, pour vos intérêts personnels que vous avez été députés, mais pour le peuple que vous ne devez jamais perdre de vue ; pour vous aider mutuellement, et chercher en commun à le rendre heureux. Multipliez vos efforts pour bannir toutes les haines de partis. Ramenez la confiance et l'abondance qui ne peuvent être que le fruit de la paix extérieure, de la tranquillité intérieure, et de l'union de tous les membres de la grande famille. Sur-tout, en lui donnant la constitution qui convient le mieux à son caractère et à ses mœurs, ne le forcez pas à l'exécuter et à la suivre, avant de l'avoir examinée et acceptée. Souvenez-vous que vous n'êtes pas le souverain, mais les mandataires du souverain, et qu'en cette qualité vous devez lui référer toutes les lois qu'il ne vous a pas chargés expressément de faire, avant de les exécuter ou de les faire exécuter. Abandonnez au surplus l'exécution des lois qu'il n'a jamais été dans l'intention du peuple de vous confier, parce qu'il est de son intérêt général, et de celui de tous les citoyens en particulier, que les pouvoirs et l'autorité soient divisés. Mais en abandonnant cette exécution, ne nommez pas les magistrats chargés du pouvoir exécutif; car ce choix, qui mettroit dans vos mains l'exécution que vous ne devez pas conserver, n'appartient qu'au souverain, ou à des mandataires chargés spécialement par lui de remplir cette mission aussi délicate qu'importante. En rendant au peuple les droits qui lui appartiennent, et qu'il ne vous a pas délégués, vous remplirez un devoir sacré.

Vous ne pouvez, au reste, vous trop hâter d'organiser définitivement le gouvernement. C'est par lui et avec lui que vous rendrez la confiance aux assignats, sans laquelle le peuple ne peut se procurer sa subsistance.

www.ingramcontent.com/pod-product-compliance
Lightning Source LLC
Chambersburg PA
CBHW070320100426

42743CB00011B/2494